KB096689

인터랙티브 게임북

변화하지만 변함없는

목차

이 책은 인터랙티브 게임북입니다. 인터랙티브 게임이란 참여자의 선택에 따라 결말이 달라지는 게임을 의미합니다. 이 게임을 책의 형태로 만든 것이 인터랙티브 게임북입니다.

이 책은 게임을 통해 우리 삶의 문제들을 고민하게 만듭니다. 예를 들어보면, '친구에게 거짓말을 해도 되는가?', '행복이란 무엇일까?'와 같은 문제들입니다. 우리는 살면서 다양한 문제를 마주하고 선택해야만 합니다. 선택들은 우리의 삶을 변화시키지요. 철학은 우리의 선택에 도움을 주지만, 철학자들의 책들은 너무 어렵습니다. '변화하지만 변함없는'은 인터랙티브 게임의 형태로 철학적 질문들을 제시합니다. 게임북을 통해 여러분이 철학이 주는 깨달음과 즐거움을 느끼길 바랍니다.

게임 규칙

1   왼쪽 상단에 적혀있는 번호는 각 스토리의 번호입니다. 내용을 읽은 후에 선택지를 골라 선택한 번호의 스토리로 이동합니다. 이 과정에서 여러분의 다양한 능력을 발휘해야할 것입니다.

2   스토리의 순서는 1→2→3 순서가 아닐 수 있습니다. 여러분의 선택에 따라 달라질 것입니다.

3   스토리 번호 옆에 ≪ 모양의 옆 숫자는 이전 스토리의 번호입니다. 이전 스토리로 돌아가고 싶을 때 참고하세요.

4   중간에 만나는 퀴즈들은 풀지 못하면 다음 스토리를 진행할 수 없습니다. 읽었던 스토리에서 단서를 더 찾아보거나 두뇌를 풀가동하십시오. 그래도 안될 경우, 책 가장 뒤쪽에 약간의 힌트가 수록되어 있습니다. 하지만 힌트를 보고 푸는 것보다 그냥 풀어보는 것이 재밌습니다.

5 스토리가 끝나 결말을 보았다면, 이전 스토리로 돌아가 다시 선택할 수 있습니다. 누구나 새로운 도전을 할 수 있는 기회는 있으니까요.

6 TRUE ENDING을 보고 게임을 끝냈다면, 게임에서 읽었던 철학적 물음들에 답해보세요. 철학적 물음에 답하며 게임 속 이야기들을 음미해보세요.

7 스포일러는 게임을 진행하는 다른 참여자의 즐거움을 사라지게 합니다. 스포일러는 금지해주세요.

8 게임 진행에 필기도구와 메모지가 필요할 수 있습니다. 퀴즈를 풀거나 정보를 정리하며 스토리를 진행해보세요.

내 어깨를 잡고 흔드는 누군가의 손길이 느껴진다. 창문을 열어두었는지 선선하게 불어오는 바람에 머리칼이 날렸다.

"일어나세요. 곧 5시입니다."

눈을 뜨고 나를 흔드는 누군가를 쳐다보았다. 고개를 돌려 시계를 쳐다보니, 시침이 5 근처였다. 내가 누구인지, 이곳은 어디인지 기억이 나지 않는다. 무엇이든 해야겠다 싶어서 몸을 들어올려 일어서려고 했다. 그 때, 삐- 하는 이명과 함께 어제의 기억이 떠올랐다. 무언가 책을 읽고 있었는데…, 갑자기 정신을 잃었다. 그리고 이전 기억이 전혀 없는 상태로 지금이다. 혼란스럽지만, 기억을 떠올려야만 한다.

"어제 읽고 계시던 책과 일기장은 준비해두겠습니다.
그럼 오늘도 똑같은 하루를 편안히 보내시길 바랍니다."

당신은 기억을 잃은 채로 침대에서 일어났습니다. 오늘 안으로 기억을 찾지 못한다면 스스로를 영원히 잃어버리게 될 것입니다. 잃어버린 기억을 찾아 **당신을 되찾으세요.**

1 책상 위

> "어제 읽고 계시던 책과 일기장은 준비해두겠습니다.
> 그럼 오늘도 *똑같은 하루를 편안히 보내시길 바랍니다.*"

방금 말한 사람은 아마 내 비서인 것 같다. 비서가 손짓으로 알려준 책상은 길다란 목재로 된 책상이었다. 위쪽으로는 책들이 가득 꽂혀있다. 내가 누워 있던 침대 오른쪽 협탁에는 방 안을 적절히 밝혀주는 조명과 회중시계가 놓여져있었다. 벽에는 거울이 붙어 있다. 우선, 비서가 말한 책과 일기장을 확인하기 위해 책상으로 다가갔다. 책상 위에는 〈에밀〉이라는 책과 일기장이 놓여져 있었다.

기억을 찾기 위해서는 이것들을 살펴보아야 할 것이다.

[일기장을 열어본다 → 2번 스토리로 이동하세요]
[책을 살펴본다 → 3번 스토리로 이동하세요]
[회중시계를 살펴본다 → 4번 스토리로 이동하세요]
[벽에 붙어 있는 거울 앞으로 다가간다 → 5번 스토리로 이동하세요]

일기장은 손때가 많이 묻어있었다. 가장 앞 페이지에는 하루 일과표가 적혀 있었다.

04:45	알람
04:55	파이프 담배
05:00~06:00	홍차 두 잔
06:00~07:00	강의 준비
07:00~12:00	오전 강의, 책 집필
12:00~15:00	점심 식사
15:00~15:30	독서
15:30~18:30	산책, 친구와의 대화
19:00~20:00	커피
22:00	취침

침대 옆에 있던 시계를 확인해보니, 4시 55분이었다. 나의 일과표를 따라가다 보면　기억이 떠오르겠지. 일과표가 적혀 있는 뒤쪽에는 다음의 표가 그려져 있었다.

월	화	수	목	금	토	일
아쌈	다즐링	닐기리	실론	얼그레이	잉글리시 블랙퍼스트	마살라 차이
RED	ORANGE	YELLOW	GREEN	BLUE	INDIGO BLUE	PURPLE
5	7	10	11	14	16	17

위의 이름은 요일마다 마시는 홍차이름이고 … 아래 숫자는 무슨 뜻일까?

[홍차를 마시기 위해 부엌으로 향한다 → 6번 스토리로 이동하세요]

책 제목은 〈에밀〉, 장 자크 루소의 책이다.
책을 훑어보니 다음의 부분에 표시가 되어 있었다.

"교사들은 가식을 버리고 덕이 있고 선량해야 한다.
여러분의 모범적인 행동이 어린이의 마음 속까지
스며들도록 해야하는 것이다.
나는 모방에서 오는 덕행이나 선한 행위도
도덕적으로 행할 때만이 선행이며
모방에 근거한 행위는 선행이 될 수 없다고 알고 있다."

"우리는 말하자면 두 번 태어난다. 한 번은 존재하기 위해 태어나고
또 한 번은 생활하기 위해 태어난다."

"양심의 길을 잃지 않고 편견의 오류를 바로 잡을 수 있는
재능을 기르는 것이 중요하다. 그 재능은 곧 이성이다."

[책을 읽던 기억을 생각해낸다 → 7번 스토리로 이동하세요]

4 회중시계 ≪ 1

회중시계는 작동하지 않았다.
회중시계 숫자는 비밀이 있어 보이는데...

[회중시계를 연다 → B-R+Y번 스토리로 이동하세요]

5 벽에 붙어 있는 거울 ≪ 1

벽에 붙어 있는 거울 앞으로 다가갔다. 방금 일어나서 부스스한 머리와 어색한 나의 얼굴을 제대로 마주했다. 그리고 익숙하게 옆에 있던 파이프 담배를 입에 물었다. 기억은 잃어도 나의 몸은 기억했다.

거울을 보니 삐- 하며 이명이 들리더니 기억이 떠올랐다. 하루에 딱 한 번 파이프 담배, 거울로 나의 상태를 확인하는 것이 아침의 시작이다. 평생 몸무게를 똑같이 유지하려고 노력하고 있었다. 자연적 경향성에 휩쓸리지 않기 위함이다.

이런 계획적인 삶에도 누군가 들어올 뻔한 적이 있었는데 …

[누군가에 대한 기억을 생각해 낸다
→ '머리+얼굴+입+몸'번 스토리로 이동하세요]

12

6 부엌 ≪ 2

부엌으로 내려왔다. 깔끔하게 정돈된 부엌의 모습은 마음을 편안하게 만들었다.

"물 올려 두었습니다. 그럼 편안한 아침 보내세요~"

손에 묻은 물기를 닦고 앞치마를 정돈하는 저 여인을 바라보니 홍차를 마시고 죽을뻔했던 지난달의 기억이 떠올랐다.

"선생님 죄송합니다. 오늘 준비해두어야 하는 찻잎을
준비해두지 못했습니다. 하루 정도 다른 홍차를 내려도
될 것 같았는데 … 이런 일이 있을 줄은 상상도 못했습니다.
정말 죄송해요 … 마차는 준비해 두었습니다."

"됐.. 됐네 … 켈록 … 다음부터는 내가 직접 내려 마시겠네.
대신 물만 준비해두게."

지난달 수요일인가 그랬을 것이다. 수요일에 얼그레이티를 내려와서 하마터면 죽을 뻔했다. 나의 삶에 변동이 생긴다는 건 나에게 위험한 일이다. 그런 의미에서 얼른 내 기억이 다 떠올라야 할텐데 … 우선 차부터 마시면서 천천히 생각해보아야겠다.

[홍차를 내려마신다 → '요일+3'번 스토리로 이동하세요]

[일기장을 더욱 살펴본다 → 9번 스토리로 이동하세요]

7 책을 읽던 순간 ≪ 3

오직 도덕적으로 행할 때만이 선한 행위가 될 수 있다는 말에 깊이 공감했다.
동정심으로 하는 행위는 그저 동정심이 발생하는 것을 만족시키기 위함이니까.

그런데 나는 진정으로 도덕적인 삶을 살고 있었는가?

머리를 쿵 맞은 느낌이었다.
나의 강의는 이론적인 부분에 머물러 있었던 것이 아닌가-
앞으로의 나의 강의는 실천적인 부분을 다루어야겠다고 생각했다.

그리고

정신을

잃

었

다

8 아쌈티 ≪ 6

요일에 맞게 아쌈티를 내려마셨다.
아침 시간 온전히 나만의 시간을 가지는 것은 중요한 일이다.
특히나 생각이 복잡한 오늘 같은 날은 더욱.

기억을 잃었으나 나는 오전에 강의를 해야 한다.
학교 연구실에 가면 강의 자료가 있을테니 얼른 찾아봐야겠다.
그걸 보면 기억이 좀 더 떠오를 것이다.

우리가 마주하는 것들은 그 자체의 모습으로 존재하는 것이 아니라,
그것들을 받아들이는 우리의 마음이 합쳐져 나타나는 것이니까.

[홍차를 정리하고 연구실로 간다 → 11번 스토리로 이동하세요]

9 일기장 ≪ 6

날짜 : 4월 22일, 나의 생일
날씨 : 선선한 바람이 부는 기분 좋은 날씨

여느 때와 같은 하루였다. 비서의 말소리에 잠에서 깨고, 담배 한 개비와 홍차 두 잔으로 아침을 시작했다. 강의 준비를 하고 학생들을 마주했다. 사물을 인식하는 것에 대한 강의였는데 … 알아들었는지 아닌지 알 수 없는 표정들이 대부분이었지만, 질문하러 오는 학생도 있었다.

연구실을 새로 배정받아서 비밀번호도 바꿨다. 처음 정했던 비밀번호는 41044208이었다. 내가 좋아하는 숫자중 하나인 4로 규칙을 만들었다. 4개씩 끊어 읽는게 제일 안정적인 느낌이 들어서 .. 그 다음으로 바꾼건 33093412 이었다. 근데 이건 또 마음에 안들어서 다시 바꿨다.

산책길엔 어떤 어린 아이가 강아지를 발로 차는 것을 보았다.
다시는 그러지 말라고 주의를 주었다.
이런 저런 일들이 있었는데 … 하루가 끝이 났다.

내일도 오늘처럼 똑같이 편안한 하루였으면-

10 다즐링 ≪ 6

당신은 주황색으로 표시된 다즐링 찻잎을 따뜻한 물에 내렸다.
똑똑 떨어지는 소리가 듣기 좋았다. 그러나 당신은 몰랐을 것이다.
지금 차 내리는 소리가 당신이 마지막으로 듣는 소리라는 것을.
다 내려진 차를 한 모금 마시는 순간
당신의 목은 타들어가는 듯 뜨거워졌다.
아직 숙성되지 않은 찻잎에
당신은 천천히

죽

어

갔

다

.

THE END – 다즐링

연구실 문 앞에 도착했다. 연구실은 4층 4246호였다. 4층에 올라오는 길이 이렇게도 멀었던가, 발이 기억하는대로 가다가 옆쪽 건물이 공사를 해서 한참을 헤매다 도착했다. 연구실은 번호 8개를 자물쇠에 입력해야만 들어갈 수 있었다. 강의 자료를 찾고 나의 기억도 찾기 위해서는 이 안에 들어가는 것이 중요할텐데 …

문제는 연구실 비밀번호도 기억에 없다는 것이다.
다행히 앞 숫자 두 개는 고정되어 있었다.

24???????

[연구실 비밀번호 → ?+?+?+?+?+?번 스토리로 이동하세요]

강의 자료를 챙겨 강의실 앞에 왔다. 문을 열고 들어가니 학생들이 이미 앉아있었다. 학생들에게 오늘 주제에 대해 질문을 던졌다.

"자신의 생명을 스스로 훼손하는 것에 대해 어떻게 생각하는가?"

"자신의 신체를 훼손하지 않는 것이 효의 시작이라고 생각합니다."

"모든 생명은 소중하니까 … 자신의 생명 역시 중요하다고 생각해요."

"인간은 자연적으로 자기를 보존하려고 하지 않나요?
자신에 대한 의무를 다하지 않은 것이라고 생각해요."

다양한 학생들의 대답을 듣고 강의 자료에 대해 심도 깊은 이야기를 나누었다.

그러다 시계를 보니 강의 시간이 끝이 났다.

[강의실 밖을 빠져나가 점심 식사 장소로 향한다
→ 24번 스토리로 이동하세요]

13 닐기리 ≪ 6

당신은 노란색으로 표시된 닐기리 찻잎을 따뜻한 물에 내렸다.
똑똑 떨어지는 소리가 듣기 좋았다. 그러나 당신은 몰랐을 것이다.
지금 차 내리는 소리가 당신이 마지막으로 듣는 소리라는 것을.
당신은 매일 정해져 있는 차를 마신다.

변수를 만드는 것을 싫어하는 당신은
오늘이 닐기리를 마시는 날이 아니라는 것을 깨닫자마자
발작을 일으키며 사망했다.

THE END - 닐기리

14 실론티 ≪ 6

당신은 초록색으로 표시된 실론티 찻잎을 꺼내왔다. 찻잎을 꺼내 거름망에 올려두고 물을 따르는데, 물이 너무 뜨거웠는지 찻잔이 깨졌다. 깨친 찻잔의 조각들은 당신의 발등 위로 떨어졌고, 놀란 나머지 쏟아진 뜨거운 물 위로 주저앉았다.

당신은 크게 엉덩이에 화상을 입고 큰 충격에
실론티 … 실론티 … 만을 중얼거리며 살게되었다.

THE END - 실론티

15 어제의 기억 ≪ 4

회중시계를 열어보니, 시계 안쪽이 깨져있었다. 나에게 대체 무슨 일이 있었던 것일까? 한참 시계를 바라보며 고민을 하고 있던 중에 노크 소리가 똑똑- 하고 들렸다.

“들어오세요.”

“오늘 입을 옷입니다.”

“자네, 혹시 회중시계가 깨져있는 이유를 알고 있나?”

“네? 조심히 올려두었는데 … 아! 어제 회중시계가 땅에 떨어져 있긴 했습니다.
어제 마을 사람들이 갑자기 집으로 찾아와서 선생님 무슨 일 있는지 찾으러 왔습니다. 매번 나오시던 시간에 산책을 안나와서 걱정된다고- 그분들은 조용히 보내드렸는데, 책상에 선생님이 쓰러져 있으셨어요. 그 때 떨어졌나봅니다. 어제 마을 주민들이
왔던거 말씀 안드린건 죄송합니다. 혹시나 오늘 일정에 차질이 생길까봐 말하지 않았습니다.”

“고맙네. 자네를 혼내려던 것은 아니었네. 옷은 침대 위에 올려두고 가게.”

비서의 이야기로 어제 읽은 책이 나에게 큰 충격을 가져다 준 것은 확실해졌다.

16 연구실 안 ≪ 11

좋아하는 숫자로 이렇게나 가득 채워놓은 비밀번호라니 …

연구실 안은 방 안과 마찬가지로 깔끔하게 정돈된 모습이었다.
수납장에는 책이 가득하고, 책상 위에는 시계와 서랍이 놓여 있고,
종이가 가득 쌓여있었다. 다행히 강의 시간 전까지 시간이 남아서
연구실을 둘러볼 수 있었다.

사실 지금의 나는 강의실이 어딘지도,
무슨 내용을 강의 해야할지도 모르니까.

연구실을 둘러보고 기억을 되찾아야만 한다.

[수납장 근처로 다가간다 → 21번 스토리로 이동하세요]
[책상 앞에 앉아 시계와 서랍을 살펴본다 → 23번 스토리로 이동하세요]
[책상 앞에 앉아 쌓여있는 종이를 살펴본다 → 25번 스토리로 이동하세요]

17 얼그레이 ≪ 6

당신은 하늘색으로 표시된 얼그레이 찻잎을 가지고 왔다. 찻잎을 꺼내 거름 망에 올려두고 물을 따르는데, 부엌에 열어둔 창문 틈 사이로 바람이 불었다. 당신은 몰랐을 것이다. 그 바람이 당신이 마지막을 만들 것이라는 사실은,

쌩- 하고 불어온 바람은 식탁 위에 올려 둔 식탁보를 펄럭였고,
식탁보는 바구니 속 과일을 움직이게 했고
과일은 데구르르 굴러 당신의 찻잔으로 향했다.
굴러온 과일은 찻잔에 땡-하고 부딪혀 땅으로 떨어졌다.

갑작스럽게 생긴 변수에 당신은 크게 놀라 발작을 일으켰고
당신은 그렇게 평소와 똑같지 않은 하루로 일생을 마감했다.

THE END - 얼그레이

18 누군가의 청혼 ≪ 5

"당신을 사랑해요. 예전부터 당신을 바라봤어요. 당신과 앞으로 함께하고
싶어요."

저녁 노을과 함께 산책하던 그 날, 어색한 분위기 속에서 여인의 입에서 나
온 말은 분명한 청혼이었다. 지속적인 만남과 구애에 나 역시 마음이 흔들렸
지만, 결혼은 중요하게 생각해야 하는 부분이다. 누군가와 앞으로의 순간을
계속 함께해야 한다는 것은 그만큼 변수도 많이 생긴다는 것이니까.

"조금 시간을 주면 생각해볼게요."

그 이후로 나는 사랑에 대한 책을 읽으며, 결혼해야 하는 이유와 결혼하지
말아야 하는 이유를 차례대로 써나가기 시작했다. 결혼해야 하는 이유는
354가지, 하지 말아야 하는 이유는 320가지.

결혼을 해야겠다고 다짐한 순간,
이미 7년이 지나있었고 여인은 다른 누군가와 결혼한 상태였다.

THE END - 떠나보낸 사랑

19 잉글리시 블랙퍼스트 ≪ 6

당신은 짙은 파란색으로 표시된 잉글리시 블랙퍼스트 찻잎을 꺼내왔다. 찻잎을 따뜻한 물에 내리는 동안 창문 밖을 바라보았다. 창문 밖으로는 앞치마를 입고 있던 여인이 빨래 바구니를 들고 걸어가고 있었다.

여인은 옷가지들을 정리하여 빨래줄에 걸고 다시 집 안으로 들어왔다. 빨, 주, ㄴ, 초, ㅍ, 남, 보 … 색깔별로 걸린 옷들은 마치 무지개를 연상시켰다. 당신은 몰랐을 것이다. 옷으로 만들어진 무지개가 진짜 무지개를 불러올 줄은.

급격하게 하늘이 어두워지더니 촤악-하고 소나기가 쏟아져 내렸다. 눈 앞에서 당신의 옷들은 비에 젖었고 땅으로 떨어졌다. 갑작스럽게 생긴 변수에 당신은 크게 놀라 발작을 일으키며 죽었다.

THE END - 잉글리시 블랙퍼스트

20 마살라 차이 ≪ 6

당신은 보라색으로 표시된 마실라 차이 찻잎을 따뜻한 물에 내렸다. 똑똑 떨어지는 소리가 듣기 좋았다. 그러나 당신은 몰랐을 것이다. 지금 차 내리는 소리가 당신이 마지막으로 듣는 소리라는 것을.

어제 마신 차와 같은 맛이었다. 하루가 반복되고 있다고 느낀 당신은 온몸에 소름이 돋았다. 기억을 잃은 채로 하루를 계속 반복하게 되는 것은 아닐까-하고 당신은 새로운 것들을 시도했다. 그러나 몸은 기억하고 있었다. 새로운 변수들에 당신의 몸은 놀라 발작을 일으켰다. 비서가 그 모습을 발견하고 급하게 뛰쳐 들어왔으나 당신을 살릴 수는 없었다.

THE END - 마살라 차이

책 앞으로 다가갔다. 다양한 책들이 꽂혀 있을 뿐, 특이한 물건은 없었다.
특이한 방식으로 꽂혀있는 것 같긴한데 …

수납장 옆에는 학생 명단과 종이 하나가 붙어있었다.
강의에 들어오는 학생들의 명단일 것이다. 나머지 종이 하나는 뭘까?

[수납장을 가까이가서 살펴본다 → 27번 스토리로 이동하세요]

[수납장을 멀리서 살펴본다 → 66번 스토리로 이동하세요]

"핑크 머리 학생 또 손들었군. 이번엔 또 무슨 질문인가?"

"교수님! 제 이름은 핑크 머리 학생이 아니라니까요!
어쨌든 자기 보존 의무에 대해 질문이 있습니다.
살아있는 게 더 고통스러울 때는 스스로 죽음을 선택하는 것이
자신을 보존하는 일인 것 같기도 해요. 사실 매일 고통받는 사람은
죽음을 선택하는게 낫지 않나요?"

"자네는 살아가는 것이 스스로에게 더 고통스럽다면,
차라리 죽는 것이 자신을 사랑하는 것이라 생각하는가?"

"그렇지 않을까요? 고통에서 해방시켜주는 것이
스스로를 더 사랑하는 것이라 생각해요."

"그렇다면, 자네가 말하는 그 원리가
모두에게 적용될 수 있다고 생각하는가?"

"… 아니요. 모두에게는 힘들겠죠."

"왜 힘들 것이라 생각했는가?
자신을 사랑하는 것이 자신을 해치는 행위를 하게 만드는 원리는
모두에게 적용될 수 없다는 것을 깨달았다는 의미인가?"

"네, 교수님. 모두에게는 적용될 수는 없겠지만 …
그래도 살아가는 게 힘들면요?"

"*자살은 고통에서 벗어나기 위해
스스로를 수단으로 이용한 것에 불과하네.
자기 보존의 의무가 무엇인지 물었나? 그것은 자연의 본성을 따르고
인격을 목적으로 대우하는 것이라네.
생명을 해치는 것은 본성에 반하는 것이며
인격을 수단으로 대우하는 것이기에
자기 보존 의무를 위반하는 것이고. 대답이 되었나?"

"네. 어느 정도는요."

"무엇이 자네를 힘들게 하는지 모르겠지만, 자네는 이성적 존재로서
그 자체로 목적이네. 조건적인 가치가 아니라
그 자체로 **절대적 가치를 지닌 존재**라는 점을 꼭 기억하게."

공격적으로 질문하던 핑크 머리를 한 학생의 금방이라도 울 것 같은 표정이 떠올랐다. 나의 말이 그에게 대답이 되었는지 아니었는지는 모르겠다. 다시 한 번 그런 질문을 내게 한다면, 그때는 위로를 해주어야겠다고 생각했다. 다음 강의 시간을 기대하며 '자살의 윤리적 문제'에 대한 2054번 강의 자료를 챙겼다.

23 시계와 서랍 ≪ 16

책상 앞에 앉아서 시계와 서랍을 살펴보았으나 특별히 중요한 것은 없어보였다. 노크 소리가 똑똑 들렸다.

"들어오세요."

머리색을 핑크색으로 물들인 사람이 문을 열고 들어왔다.

"교수님 안녕하세요. 지금은 제 이름 기억하시죠?"

[학생과 이야기를 나눠본다 → '학생 번호'번 스토리로 이동하세요]

24 학교 앞 공원 ≪ 12

"선생님, 기다렸습니다."

비서는 기다렸다는 말과 함께 마차를 가리켰다. 언제나 타던 마차였겠지만 오늘의 나에게는 어색하게 느껴졌다. 머뭇거리던 나를 바라보는 비서의 눈빛에서 당황스러움이 느껴졌다.

그냥 비서에게 지금 기억을 잃은 상태라고, 사실은 내가 누구인지 기억이 안나서 일기장을 따라 살아가고 있다고 이야기하고 싶었다.

비서에게서 나의 이야기를 더 들어볼 수 있지 않을까?

[아무 말 없이 마차에 탑승한다 → 29번 스토리로 이동하세요]
[비서에게 사실을 밝힌다 → 35번 스토리로 이동하세요]

쌓여 있는 종이는 나의 생각들을 모아 적어 놓은 종이였다. 이것으로 강의도 하고 책도 쓰고 그랬던 것 같다. 가장 위에 올라와 있는 것은 **'자살의 윤리 적 문제'**에 대한 것이었다. 아마도 오늘 날짜가 적혀있는 것을 보니 오늘 강의 내용일 것이다.

갑자기 머리가 띵-하며 강의 시간에 질문을 하던 학생의 모습이 떠올랐다.

[강의 시간의 기억을 떠올려본다 → 22번 스토리로 이동하세요]

당신은 흰색 냅킨이 올려진 자리에 앉아 식사를 함께할 벤담과 베카리아를 기다렸다. 그들이 도착하기를 기다리다 맥주를 마셨다. 그렇게 맥주 한 잔 을 다 비웠을 때쯤 비서가 들어왔다.

"선생님, 벤담과 베카리아씨 오셨ㅅ … 선생님 괜찮으세요?!"

"맥주 한 잔 하고 있었네. 표정이 왜 그렇나?"

비서는 큰 충격을 받은 듯 했다. 그리고 비어있는 맥주잔과 나를 번갈아가 며 쳐다봤다.

"선생님 맥주는 절대 안드시잖아요… 맥주만 마시면 너무 취한다고 …!"

당신은 얼굴을 더듬거리며 만져보았다. 어쩐지 화끈거리는 느낌이 들더라 니- 비서에게 물 한잔을 가져다 달라고 요청했다. 비서가 가져다주는 물잔 을 잡으려하는데 눈 앞이 점점 흐려지더니 그대로 쓰러졌다. 점차 기억은 흐려졌다. 그렇게 당신은 흐려진 기억 속에서 자신도 알아보지 못하며 살 아갔다.

THE END - 먹고 죽은 귀신은 …

학생 명단은 아래와 같다.

(1) 미하엘 헤티히
(2) 올리버 라인하트
(3) 유르겐 게노스코
(4) 도미닉 사이먼
(5) 다니엘라 헹켈
.
.
.

(30) 비앙카 쾨니히
(31) 후고 아이슬러
(32) 마그누스 게르버
(33) 안토니아 라쉬
(34) 마티나 핑크

수납장 옆에 붙어 있던 종이에는 다음과 같은 문장이 적혀있었다.
이 문장이 수납장과 관련이 있을까?

별이 빛나는 하늘과 내 마음 속의 도덕법칙

28 회색 냅킨 자리 ≪ 38

당신은 회색 냅킨이 올려진 자리에 앉아 식사를 함께할 벤담과 베카리아를 기다렸다. 언제쯤 오나 싶을 때쯤 비서가 들어왔다.

"선생님, 벤담과 베카리아씨 오셨습니다."

비서는 벤담과 베카리아에게 자리를 안내했다. 나이프와 포크를 들고 고기를 썰어　먹기 시작했다. 벤담이 감자를 나이프로 잘라먹으려하자 당신은 급하게 말렸다.

"감자는 포크로 으깨서 먹어야 합니다. 그게 이곳의 예의입니다."

"제가 몰랐네요. 감사합니다."

그렇게 모든 식사를 다 끝내고 터질 것 같은 배를 붙잡고 산책을 나갔다. 산책길 앞에서 흥분한 말이 달려오는 것을 보았다. 빠르게 피하려 했으나 과식한 나머지 몸이 무거워 말을 피하지 못했다. 당신은 말에게 걷어차이고 생을 마감하였다.

THE END - 무거워진 몸

29 마차 ≪ 24

아무 말 없이 마차에 탑승했다. 비서는 뒤따라 들어와서 옆자리에 앉았다. 줄곧 이상하다는 듯 나를 쳐다보던 비서가 결국 입을 열었다.

"선생님, 그런데 아침부터 이상하시네요. 무슨 일 있으세요?"

"내가 무엇이 이상한가?"

"솔직하게 이야기해도 되겠습니까?"

하긴 매일 나와 함께하던 비서의 눈에는 내가 정말 이상한 사람처럼 보였을 것이다. 나조차도 내가 이렇게 어색한데 … 그런데 비서가 말하는 나의 '이상함'들을 듣다보니 묘하게 화가났다. 지금 말하는 것이 오늘의 이상함인지 평소에 짜증났던 모든 것인지 본인도 모르는 듯 했다. 덜커덩- 마차가 흔들리자 비서는 그제서야 조용해졌다. 그러나 차라리 비서가 시끄러운 것이 괜찮았을 것이다. 말은 갑자기 흥분하더니 달리기 시작했다. 말은 한참을 그렇게 달리다 절벽 앞에서야 속도를 멈추었다. 갑작스러운 정지에 마차는 하늘로 날아올랐다.

절벽 아래로 떨어지며 생각했다.
사람이 갑자기 달라지면 죽는다는 건 사실이었구나

THE END - 사람이 갑자기 달라지면

마차 안으로 들어와 이런저런 이야기를 나누었다. 나를 가장 가까운 곳에서 지켜보았던 비서는 나에 대해 많은 것을 알려주었다. 임마누엘 칸트, 키는 150CM, 몸무게는 50KG을 넘기지 않았고 매일 똑같이 계획적인 삶을 산다는 것. 평생을 이곳-쾨니히스베르크-에서 살았고 지금은 강의를 하고 지낸다는 것. 매일 혼자서 산책을 즐기지만 혼자서는 절대 밥을 먹지 않는다는 것. 치즈와 와인을 즐긴다는 것.

"선생님 그러면 오늘 점심 식사는 취소할까요?"

"아니. 그대로 점심을 먹겠네. 기억이 점차 떠오르고 있으니까.
오늘 점심 식사는 누구와 함께하기로 예정되어있나?"

"벤담씨와 베카리아씨입니다. 2명보다 많게 9명보다 적게 식사에 초대하였습니다."

"그들과 만나면 나의 기억이 더 돌아오겠지?"

"지난번에도 점심 식사를 몇 번 나누셨습니다.
이야기 나누어보시면 기억이 떠오르실겁니다."

"좋네. 얼른 안내해주게."

[점심 식사 장소로 간다 → 33번 스토리로 이동하세요]

"자네, 전쟁을 벗어나려면 어떻게 해야한다고 생각하는가?"

"전쟁? 전쟁을 벗어나려면 평화를 유지하는 것이 필요할 걸세.
그러려면 국가 간 신뢰가 가장 중요하고."

"국가 간 신뢰가 그냥 이루어지는 것은 아니지 않는가?"

"영구 평화를 위해서는 모든 국가가
시민적 정치 체제를 공화정체로 해야할 걸세."

"국가 간 신뢰를 위해서 국제법도 필요하지 않겠나?"

"국제법은 자유로운 국가들의 연방 체제에 기초해야겠지."

"서로 이상한 법을 만들지 않도록 제한하는 것도 필요할 것 같네."

"그렇지. 세계 시민법은 보편적 우호의 조건들에 국한되어야 할 것이네."

"좋네. 그 부분에 대해 세부적으로 더 논의해보면 좋겠네."

[다시 벤담과의 대화를 이어간다 → 37번 스토리로 이동하세요]

"머리 핑크색으로 물들인 학생 손을 들어주었군. 질문있나?"

"교수님! 제 이름은 마티나 핑크에요.
핑크색으로 머리를 물들인 학생이 아니라요.
교수님 저는 쾌락이 선이고 고통이 악이라고 생각해요.
인간이라면 다 자기가 즐거운 것 하고 싶어하잖아요. 전 행복하고 싶어요.
행복이 제 삶의 목적이에요. 그리고 이런 행복들이 많이 모이면
결국 전체 행복도 늘어날 것 같은데 …
교수님 이런 생각은 도덕법칙이 될 수 없나요?"

"자네는 어떤 행위가 행복을 증가시키느냐 감소시키느냐에 따라
행위를 선택할 것이라는 말인가?"

"네, 맞아요. 행복이 저에게 중요해요."

"자네가 행복을 증가시킬 것인지 감소시킬 것인지
완벽하게 선택할 수 있는가?"

"물론 갑자기 생겨나는 일도 있겠죠? 이를테면 … 로또 당첨같은거요!"

다음페이지에 계속 →

"그렇지. 갑자기 일어나는 것에 따라 행복할 수도 있고 아닐 수도 있네. 그러니까 우리는 '행복하다-'라는 것을 결과로 판단할 수 있다는 말이지. 그런데 모든 행위의 결과를 우리가 선택할 수 있나?"

"음 … 아뇨. 세상에는 우연이라는 것도 있긴 하니까요."

"그렇지, 우연. 행위의 결과는 우리가 선택할 수 없네. 따라서 보편적으로 자네의 생각을 적용할 수 없는 걸세. 당연히 모두가 지켜야하는 도덕법칙이 될 수도 없고. 답이 되었나?"

[연구실 안에서 다른 기억을 위해 둘러본다 → 16번 스토리로 이동하세요]

[마티나 핑크와 더 대화를 나눈다 → 67번 스토리로 이동하세요]

"식사 준비해두었습니다. 잠시 후 벤담씨와 베카리아씨도 도착하신답니다."

탁자 앞으로 다가가니 세 가지 요리와 식기가 준비되어있었다.
자리마다 흰색, 회색, 연한 분홍색의 냅킨이 올려져 있었다.
다른 냅킨 색처럼 앞에 준비되어 있는 요리도 달랐다.

어디에 앉아야 할까?

[흰색 냅킨이 올려진 곳을 확인한다 → 36번 스토리로 이동하세요]

[회색 냅킨이 올려진 곳을 확인한다 → 38번 스토리로 이동하세요]

[연한 분홍색 냅킨이 올려진 곳을 확인한다

　→ 40번 스토리로 이동하세요]

"그래. 자네 이름은 마티나 핑크 맞는가?
내 수업 때마다 공격적인 질문을 해서 기억하고 있네."

"교수님 질문은 언제든지 환영한다면서요."

"그래. 질문은 언제든 환영하지. 싫다고는 안했네. 그래서 무슨 일인가?"

"아! 교수님 오늘부터 강의실 번호가 바뀌어서요. 교수님 연구실은 D06호
구요.
4328호에 있던 다른 교수님은 D08호로 바뀌었어요. 2층은 B라인,
3층은 C라인이에요. 그거 알려드리려구요!"

"아, 그럼 오늘 강의는 어디서 하나?"

"B02호요! 잠시 후에 봬요!"

[강의실로 향한다 →
'오늘 강의할 자료 번호 - 오늘 강의가 이루어지는 강의실의 이전 번호'
번 스토리로 이동하세요]

장시간 침묵이 이어지다 비서는 입을 열었다. 내가 평소 같지 않았다는 그의 말에 나는 솔직하게 이야기를 털어놓았다. 사실은, 어제 책을 읽고 쓰러진 이후로 기억을 잃었다고 … 일기장을 따라서 하루를 살다보니 기억이 약간씩 떠오르고 있다고

"선생님, 그러면 아무것도 기억나지 않으십니까? 선생님 이름은요?"

"학회실에 팻말이 놓여져 있긴 했는데, 제대로 보지 못하였네."

비서는 큰 충격을 받은 표정을 짓고, 우선 마차에 타서 더 이야기하자며 나를 마차 안으로 밀어 넣었다. 바퀴를 고정하기 위해 꽂아둔 돌멩이를 빼고 바퀴를 색에 맞게 돌려 마차를 출발시켰다.

[마차 안에서 비서와 대화를 나눈다
→ '마차 바퀴'번 스토리로 이동하세요]

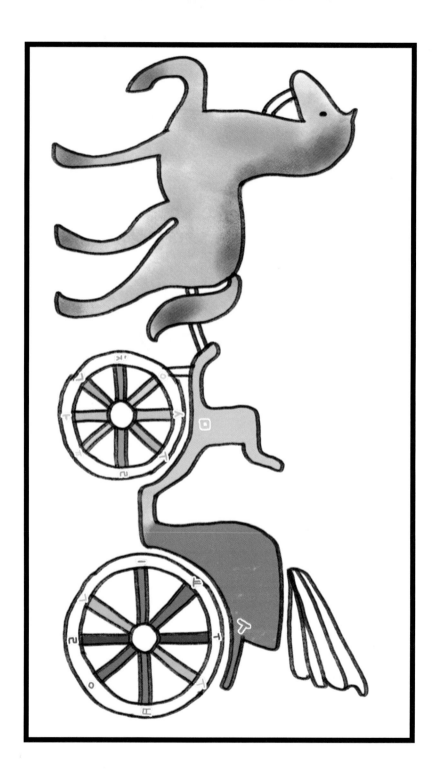

36 흰색 냅킨 자리 ≪ 33

흰색 냅킨이 올려진 자리에는 나이프와 포크 등 식기와 함께 요리가 준비되어 있었다. 연기가 모락모락 피어나는 크림 수프와 고기 한 덩이, 삶은 감자 요리 그리고 맥주 한 잔 주먹 크기의 고기 한 덩이, 곁들여진 삶은 감자 요리 조금. 적절하게 레스팅 된 고기라면 무척이나 맛있을 것이다. 냄새를 맡으니 군침이 싹 돌았다.

흰색 냅킨 자리에 앉아서 손님을 맞이할까?
아니면 다른 자리도 확인해볼까?

[흰색 냅킨이 올려진 자리에 앉는다 → 26번 스토리로 이동하세요]

[다른 자리도 확인해 보자 → 33번 스토리로 이동하세요]

"기억났네. 그때 영구평화를 위한 것들에 대해 이야기했었지."

"평화를 실현하기 위해 또 어떤 것들이 필요하겠나?"

"이방인을 적으로 간주하지 않고 환대해주는 것이 필요하겠네.
우리집에 들어온 자네들을 환대해준 것처럼 말일세. 한잔 하겠나?"

지난 점심 만찬의 기억을 떠올려보니 **영구평화**에 대해 강의했던 부분이 생각났다.   연구실에서 열심히 자료를 정리했었는데 … **강의자료가 몇번이더라** …? 와인을 곁들인 식사는 완벽했다. 와인은 사람들을 즐겁고 떠들썩하고 수다스럽게 한다. 반면 맥주는 사람들을 꿈속에 빠뜨려 가두고 기억을 흐릿하게 한다. 그래, 이것이 내가 와인을 좋아하는 이유였다. 한참 이야기를 나누다가 벤담은 게임을 제안했다.

"자네, 게임 하나 같이 하지 않겠나?"

[게임에 대한 설명을 듣는다 → 41번 스토리로 이동하세요]

[게임을 바로 진행한다 → 46번 스토리로 이동하세요]

[영구평화 강의 자료에 대한 기억을 떠올려본다

→ 48번 스토리로 이동하세요]

38 회색 냅킨 자리 ≪ 33

회색 냅킨이 올려진 자리에는 나이프와 포크 등 식기와 함께 요리가 준비되어 있었다. 연기가 모락모락 피어나는 브로콜리 수프와 고기 한 덩이, 삶은 감자 요리 그리고 물 한 잔, 고기 한 덩이의 크기가 정말 컸다. 족히 1KG는 넘어보였다. 감자도 밭 하나를 다 캐온 것만큼의 양이었다. 아마 저 음식을 다 먹고 나면 몸무게가 그만큼 늘어날 것이다. 그래도 냄새를 맡으니 군침이 싹 돌았다.

회색 냅킨 자리에 앉아서 손님을 맞이할까?
아니면 다른 자리도 확인해볼까?

[회색 냅킨이 올려진 곳에 앉는다 → 28번 스토리로 이동하세요]

[다른 자리도 확인해본다 → 33번 스토리로 이동하세요]

39 강아지에 대한 기억 ≪ 53

"삶의 주체이기 때문이네."

"그게 무슨 소리인가요?"

"한 살 이상 포유류는 자신의 삶을 영위할 수 있는 능력을 지녔다는 것일세.
삶의 주체는 인간처럼 내재적 가치를 지니고 있네."

그 이후의 기억이 없다. 나의 기억인지 누구의 기억인지 잘 모르겠다. 분명
한 것은 '삶의 주체이기 때문이네."라고 말한 것은 나의 기억이 아니라는
사실이다. 나는 대체 무슨 일을 겪고 있는 것일까? 기억이 뒤섞이는 혼란스
러운 경험에 당신은 그 자리에 털썩 쓰러졌다. 당신은 그 이후로도 누구인
지 찾지 못한 채로 살다가 생을 마감했다.

THE END - 레건의 기억

40 연한 핑크색 냅킨 자리 ≪ 33

연한 핑크색 냅킨이 올려진 자리에는 나이프와 포크 등 식기와 함께 요리가 준비되어 있었다. 연기가 모락모락 피어나는 크림 수프와 고기 한 덩이, 삶은 감자 요리, 그리고 레드 와인 한 잔.

주먹 크기의 고기 한 덩이와 곁들여진 삶은 감자 요리 위에는 눈꽃처럼 치즈가 뿌려져 있었다. 적절하게 레스팅 된 고기라면 무척이나 맛있을 것이다. 레드 와인 한 잔과 페어링한다면 … 생각만 해도 군침이 싹 돌았다.

연한 핑크색 냅킨 자리에 앉아서 손님을 맞이할까?
아니면 다른 자리도 확인해볼까?

[연한 핑크색 냅킨이 올려진 자리에 앉는다 → 42번 스토리로 이동하세요]

[다른 자리도 확인해본다 → 33번 스토리로 이동하세요]

"내가 색깔과 숫자를 제시하면 어떤 단어를 나타내는지 이야기하면 되는 걸세."

"좋네. 우선 한번 해보겠네."

"연두색 1, 보라색 2, 파란색 4, 연두색 1, 민트색 2, 흰색 4"

"이렇게만 해서 단어가 나올 수 있는건가?"

"처음이니 단서를 주겠네. 지금 자네가 마시고 있는 것이네."

"와인?"

"정답이네! 한번 더 연습해보겠네. 대신 이번이 마지막 연습이네."

"적색 3, 보라색 2, 연두색 1, 노란색 3, 민트색 2,
주황색 1, 주황색 2, 연두색 1, 흰색 2, 흰색 3"

"이번에는 좀 길군. 몇 글자인가?"

"4글자네. 나의 생각을 듣고 사람들이 이 단어를 많이 이야기하네."

"공리주의?"

"역시! 자네는 똑똑하군. 그럼 진짜 게임을 시작하지."

[게임을 진행한다 → 46번 스토리로 이동하세요]

42 · 연한 핑크색 냅킨 자리 ≪ 40

연한 핑크색 냅킨이 올려진 자리에 앉아 식사를 함께할 벤담과 베카리아를 기다렸다. 언제쯤 오나 싶을 때쯤 비서가 들어왔다.

"선생님, 벤담과 베카리아씨 오셨습니다."

비서는 벤담과 베카리아에게 자리를 안내했다. 나이프와 포크를 들고 고기를 썰어   먹기 시작했다. 벤담이 감자를 나이프로 잘아먹으려하자 당신은 급하게 말렸다.

"감자는 포크로 으깨서 먹어야 합니다."

"감자는 잘라서 먹어야지요. 그래야 입에 쏙 들어와서
맛을 제대로 느낄 수 있습니다."

감자를 포크로 으깨서 먹어야 하는지, 나이프로 잘라서 먹어야 하는지에 대해 이야기 하다 소리가 높아졌다. 감자 때문에 이렇게 싸우게 되는 상황이 어이없었다.

"우리 서로 언쟁을 높이지 말게."

"우리 지난번 만찬을 기억나는군. 그때도 다른 의견때문에 싸울 뻔 했었지."

[지난번 만찬의 기억을 떠올려본다 → 31번 스토리로 이동하세요]

43　산책길 《 47

비서의 요청을 거절하고 혼자 산책을 나섰다. 평소에도 비서가 말하기를 혼자만의 산책을 즐겼다고 한다. 오늘은 혼자 산책하며 사색하는 시간이 더 필요했다.

'멍멍!'

쾨니히르베스크 공원을 지나고 징검다리로 이어진 연못을 지나가는 길이었다. 뒤에서 들려오는 강아지의 소리에 고개를 돌렸다. 강아지는 알록달록한 옷을 입고 있었다.
혼자만의 시간이었는데, 어디선가 본듯한 강아지의 모습에 자꾸 눈길이 갔다.

[무시하고 혼자만의 시간을 즐긴다 → 49번 스토리로 이동하세요]
[강아지에게 가까이 다가간다 → 51번 스토리로 이동하세요]

"동물도 고통을 느끼기 때문이네."

"그래서요?"

"어떤 존재가 고통을 느낀다면,
그와 같은 고통을 고려하지 않으려는 것은 종차별주의에 해당하네."

그 이후의 기억이 없다. 나의 기억인지 누구의 기억인지 잘 모르겠다. 분명한 것은 '동물도 고통을 느끼기 때문이네.'라고 말한 것은 나의 기억이 아니라는 사실이다. 나는 대체 무슨 일을 겪고 있는 것일까?

기억이 뒤섞이는 혼란스러운 경험에 당신은 그 자리에 털썩 쓰러졌다. 당신은 그 이후로도 누구인지 찾지 못한 채로 살다가 생을 마감했다.

THE END - 싱어의 기억

45 다시 현실의 상태로 ≪ 58

강아지에게 가까이 다가가려 했으나, 강아지는 화들짝 놀라며 뒷걸음질쳤다. 그러다 문득 지난 산책의 기억이 떠올랐다. 그 기억 속 강아지의 이름을 부르면 나에게 다가 오지 않을까?

[치즈야~ → 55번 스토리로 이동하세요]

[하늘별아~ → 60번 스토리로 이동하세요]

[시계야~ → 62번 스토리로 이동하세요]

46 점심 만찬의 기억 ≪ 37 or 41

벤담은 진지한 표정으로 게임을 시작했다. 게임이라기보다 문제를 서로 출제하는 것에 가까웠지만 그래도 꽤 재밌어 보였다.

"게임을 시작하지.
흰색 1, 연두색 2, 핑크색 3, 보라색 `1, 적색 2, 노란색 3"

[정답을 맞추고 계속 이야기한다
→ '게임 정답에 대한 강의 자료 번호 – 영구평화 강의 자료 번호'번
스토리로 이동하세요]

47 독서 ≪ 52

가장 마음에 와닿는 문장을 작성하고 시계를 보니 산책 시간이 다가왔다.

"선생님, 제가 뒤에서 같이 따라갈까요? 혹시나 쓰러지실까 염려됩니다."

[비서의 요청을 받아들여 산책을 함께 간다 → 59번 스토리로 이동하세요]
[비서의 요청을 거절하고 혼자 산책 간다 → 43번 스토리로 이동하세요]

48 연구실 자료 뭉치 ≪ 37

연구실 책상 위에는 종이 자료들이 넘어질 듯 높게 쌓여 있었다. 그때 나는 점심 만찬에서 나눈 이야기를 토대로 **'영구평화론'**에 대한 강의 자료를 작성하고 있었다. 시계를 보니 곧 강의 시간이었다. **2048번**, 자료 번호를 입력하고 종이 자료 위에 쌓아두었다.

옆에는 빨간색으로 수정표시가 되어있는 강의 자료들이 놓여져 있었다.
아마 저 자료들은 수정해서 다시 작성해야 할 것이다.

2054번, '자살의 윤리적 문제'
2098번, '사법적 형벌의 본질'
2102번, '거짓말의 윤리적 문제'

49 혼자만의 산책길 ≪ 43

당신은 어디선가 본듯한 강아지의 모습에 자꾸 눈길이 갔지만, 혼자만의 시간을 위해 돌아서서 산책을 계속했다. 그러다 문득 지난 산책의 기억이 떠올랐다.

"이 나쁜 강아지야!!!!"

어린 소년은 발로 강아지를 차고 있었다. 강아지는 낑낑거리며 그의 발길질을   맞았고, 소년의 발길질을 멈춰 달라는 초롱초롱한 눈망울로 나를 바라보았다.

당신은 그때의 순간이 반복되지 않았을까- 걱정했다. 당신은 산책갈 때마다 연못 앞 에서 강아지를 기다렸다. 그 이후로 강아지는 볼 수 없었고, 죄책감을 계속 느끼며   살아가게 되었다.

THE END - 해야하는 일

형벌, 사형 ≪ 46

"혹시 정답은 '형벌'인가?"

"오! 역시 자네는 똑똑하다니까. 자네는 형벌에 대해 어떻게 생각하나?"

"형벌? 이런 게임에 나오는 단어가 아니라
실제 형벌을 말하는 것이라면 수단으로 사용해서는 안된다고 생각하네."

"왜 그렇게 생각하나? 형벌 … 특히 사형이
만약 더 큰 해악을 제거해준다면 인정할 수 있지 않겠는가?"

"형벌은 … 범죄를 저질렀다는 이유만으로 이루어져야 하는 것일세.
자네의 말대로라면 인간을 해악을 제거하기 위한
수단으로 사용하는 것이지 않은가?"

"벤담 선생님, 사형이 이익을 만들어줄 것이라고 이야기하고 있으신데 …
사형보다 예방 효과가 큰 것은 종신노역형입니다."

"어찌 그렇게 생각하는가?"

"누군가 종신노역형을 받는 것을 본다면 누가 범죄를 저지르겠어요?
내 자유를 잃어버리는 것을 선택하는 거잖아요."

"우리 서로 목소리를 높이지 말게나.
즐거운 점심 식사 자리가 아닌가. 한잔 하지."

벤담, 베카리아와 함께 이런저런 이야기를 나누고 나니 벌써 3시간이 훌쩍
지나있었다. 그들이 집으로 돌아갈 수 있게 배웅해주었다. 일과표대로라면
독서 시간이다. 아마 어제 나는 이 시간에 독서를 하다가 쓰러졌을 것이다.
똑같이 의자에 앉아서 똑같은 책을 읽다보면 다시 모든 기억이 돌아오지 않
을까?

[책 〈에밀〉을 챙겨 서재로 움직인다 → 52번 스토리로 이동하세요]
[어제와는 다른 책을 챙겨 서재로 움직인다 → 69번 스토리로 이동하세요]

51 강아지의 이름은 « 43

당신은 어디선가 본듯한 강아지의 모습에 자꾸 눈길이 갔다. 강아지에게 가까이 다가가려 했으나, 강아지는 화들짝 놀라며 뒷걸음질쳤다. 그러다 문득 지난 산책의 기억이 떠올랐다.

> "이 나쁜 강아지야!!!!"
>
> 어린 소년은 발로 강아지를 차고 있었다. 강아지는 낑낑거리며 그의 발길질을 맞았고, 소년의 발길질을 멈춰 달라는 초롱초롱한 눈망울로 나를 바라보았다.

그때도 알록달록한 옷을 입고 있었다. 저 강아지의 이름이 무엇이었더라? 지난번에 분명 가까이서 봤었던 것 같은데 …

[강아지에 대한 기억을 떠올려본다 → 53번 스토리로 이동하세요]

52 서재 ≪ 50

서재에는 책이 한가득 있었다. 오늘은 **태양계**에 대한 책을 읽어야겠다. 서재에는 다양한 분야의 책이 있었다. 그리고 한쪽에는 문장 집이 꽂혀있었다.

의자에 앉아 책을 읽고 마음에 와닿는 문장들에 표시했다. 문장을 수집해두었다가   힘든 일이 있을 때 읽는다. *좋은 문장은 내 삶을 멀리서 바라보고 긍정적인 힘을 준다.*

[서재에 앉아 책을 읽는다 → '태양계'번 스토리로 이동하세요]

 윤리학  자연에 대한 책

 철학 문학

형이상학  태양계에 대한 책

53 강아지에 대한 기억 ≪ 51

"이 나쁜 강아지야!!!!"

어린 소년은 발로 강아지를 차고 있었다. 강아지는 낑낑거리며 그의 발길질을   맞았고, 소년의 발길질을 멈춰 달라는 초롱초롱한 눈망울로 나를 바라보았다.

"자네 무슨 짓을 하고 있는가?"

"네? 강아지를 혼내고 있는데요? 얘가 제가 가는 길을 방해한다구요!"

"가는 길을 방해한다고 해서 폭력을 사용해도 된다고 생각하는가?"

"어차피 동물은 생각도 못하잖아요!!!"

"인간은 동물에게 친절하게 대해야만 하네."

"왜요?"

["삶의 주체이기 때문이네." → 39번 스토리로 이동하세요]

["동물도 고통을 느끼기 때문이네." → 44번 스토리로 이동하세요]

["동물에게 잔인한 사람은 인간을 대우할 때에도 마찬가지로 거칠어지기 때문이네." → 58번 스토리로 이동하세요]

54 거짓말 « 46

"혹시 정답은 '거짓말'인가?"

"거짓말? … 전혀 아니네. 베카리아, 자네는 알아냈는가?"

"저도 잘 모르겠어요."

"조금 더 고민해보게. 힌트를 좀 더 주자면
자음과 모음을 전부 분리해서 생각해보게."

55 치즈 ≪ 45

"치즈야~"

아무리 외쳐도 강아지는 나에게 가까이 오지 않았다. 당신은 집에 가서도 그 강아지의 모습이 잊혀지지 않았다. 당신은 왜 강아지가 자신에게 오지 않았을지 고민했다.　강아지의 이름이 치즈가 아니었기 때문이라는 사실을 깨달은 것은 7년이 지난 후였다.

THE END - 내가 너의 이름을 불렀을 때

친구네 집이 정확하게 기억나지는 않았지만 기억을 더듬어 빨간색 발자국이 남겨진 곳으로 향했다. 빨간색 발자국을 가까운 곳에서 보니 페인트가 아니라 피였다. 순간 온몸에 소름이 돋았다. 살인 사건인가? 피로 남겨진 발자국이라니 … 걸음을 재촉하다 돌부리에 걸려 넘어졌다. 뒤에서 들려오는 뚜벅뚜벅 발자국 소리에 긴장했다.

다행히 경찰이었다. 그러나 당신은 그 이후로 충격에 빠져 산책을 나가지 못하고   집에서만 평생을 보내게 되었다.

THE END – 피의 발자국

57 그린의 집 ≪ 64

"무슨 일 있는가?"

"내가 너무 돈이 급해서 돈을 빌려야만 하네.
그런데 내가 시간 안에 갚지 못할 것 같네.
물론 갚는다는 약속을 하지 않으면 돈을 받지 못하겠지.
어떻게 하면 좋겠나?"

어떻게 조언을 주어야 할지 고민하다, '거짓말에 대한 윤리적 문제'를 강의하던 기억이 떠올랐다. 그때의 기억을 떠올려 친구에게 말을 건넸다.

"돈을 빌리기 위해 거짓말로 약속을 할 것이라는 말인가?
그래. 자네의 말은 가능할 수도 있겠지. 정말 돈이 필요하다면 말이야.
그런데 만약 모두가 자네처럼 돈을 갚을 수 없는 것을 알면서도
돈을 빌리면 어떻게 되겠는가?"

"서로 못 믿게 될 것 같네."

다음페이지에 계속 →

"그렇지. 결국 그것은 보편적 자연법칙이 되지 못하겠지.
스스로 원하지 않을테니까."

"하긴 우리는 항상 그런 얘기를 했지. 타인을 수단으로 생각하지 말자고.
그리고 나의 의지의 준칙이 항상 보편적으로 통할만한 원리가 되도록 행위
하자고."

"그렇지. 자네 덕분에 나도 기억이 떠올랐네."

"나도 고맙네. 역시 칸트 자네에게 조언을 구하고 나면 한결 생각이 정리되
네."

친구와 이야기를 하다 시계를 보니 시간이 훌쩍 지나있었다. 다시 집으로
발걸음을 옮겨야겠다.

[집으로 돌아간다 → 65번 스토리로 이동하세요]

58 강아지에 대한 기억 《 53

"동물에게 잔인한 사람은 인간을 대우할 때에도
마찬가지로 거칠어지기 때문이네."

"의무는 아닌거네요~? 전 안그럴거에요~"

"동물들을 잔인하게 다루는 것은 자기 자신에 대한 의무도 어기는 것이네.
동물을 도덕적으로 고려하는 것은 인간성을 실현하기 위한
간접적인 의무이기 때문이지."

멀리서 소년의 아버지가 달려왔다. 이마에 맺힌 땀과 거친 호흡은 그가 얼
마나 급하게 아들을 찾아왔는지 나타내주었다.

"아우 죄송합니다 … 애가 말을 잘 안듣습니다. 칸트 선생님 죄송합니다."

다음페이지에 계속 →

"아닙니다. 주의를 주었으니 다음번에는 그러지 않기를 바랍니다.
강아지가 괜찮은지 가까이서 봐도 괜찮겠습니까?"

"그럼요. 물론입니다. 우리 강아지 이름은 옷 위에 그려두었어요.
이름을 불러주면 좋아합니다."

[현실로 돌아온다 → 45번 스토리로 이동하세요]

59 비서와의 산책 ≪ 47

비서와 산책을 함께했다. 비서는 한순간도 입을 다물지 않았다. 이렇게 나와 단둘이 산책하는 것은 처음이라며- 내가 기억을 잃은 것이 오히려 나와 더욱 가까워질 수 있어서 좋다고- 너무 많은 이야기를 듣다보니 머리가 지끈거렸다. 역시 혼자 산책하는 것이 더 좋았을 것 같다는 생각이 들었다. 나의 기억을 찾고자 했는데 비서는 산책 기간 내내 자신의 삶에 대해 떠들었다. 이전의 나에게는 하지 못했을 말들을 다 내뱉는 듯 했다.

'멍멍'

쾨니히르베스크 공원을 지나가던 중에 개가 짖는 소리가 들렸다. 소리가 들리는 곳으로 고개를 돌렸다. 꼬리를 살랑살랑 흔드는 강아지가 보였다.

"어디서 개 짖는 소리가 나네요. 조용히 시키고 오겠습니다."

"아니 … 괜찮네."

비서는 당신의 말을 듣지도 않고 개에게 다가가서, 몸집을 크게 부풀리고 큰 소리를 냈다. 그것을 본 강아지는 더욱 사나워졌다. 비서는 급기야 소리를 질렀고 개는 비서에게로 달려가 다리 한 쪽을 물었다. 그리고 떨어져 있던 당신에게로 뛰어왔다. 달려오는 개를 피하려다 돌부리로 걸려 넘어졌고, 당신은 그렇게 생을 마감했다.

THE END - 돌부리를 조심해

60 하늘별 ≪ 45

"하늘별아~"

이름을 부르자 강아지는 꼬리를 격하게 흔들며 달려왔다. 얼굴에 가까이 다가와 냄새를 맡더니, 만져달라며 배를 내보였다. 강아지를 만져주다보니 그때 어린 소년이 앞에 다가왔다.

"칸트 선생님, 그 때는 제가 실수했습니다. 죄송합니다."

어린 소년에게 적당한 미소로 응답했다. 친구 '그린'의 집으로 향하기 위해 발걸음을 옮겼다.

[1번 길로 간다 → 56번 스토리로 이동하세요]
[3번 길로 간다 → 61번 스토리로 이동하세요]
[5번 길로 간다 → 64번 스토리로 이동하세요]

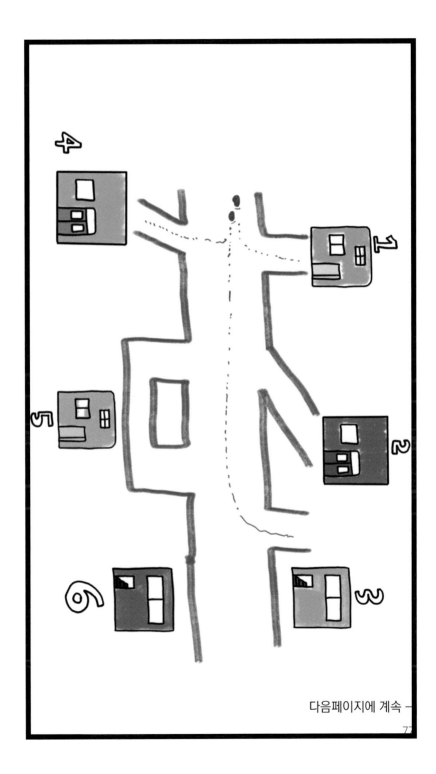

다음페이지에 계속 →

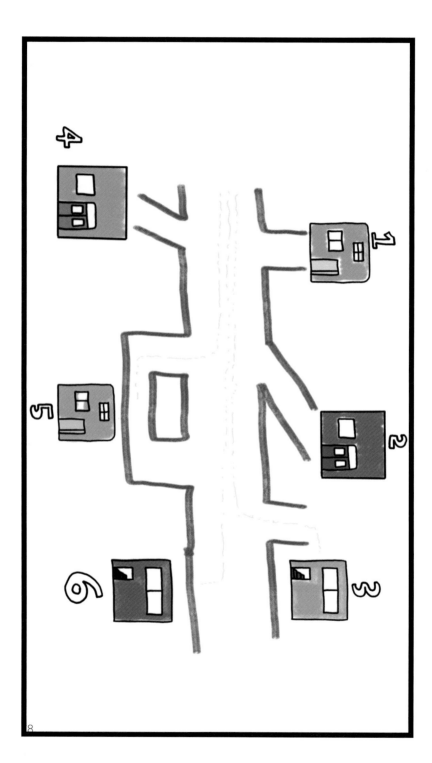

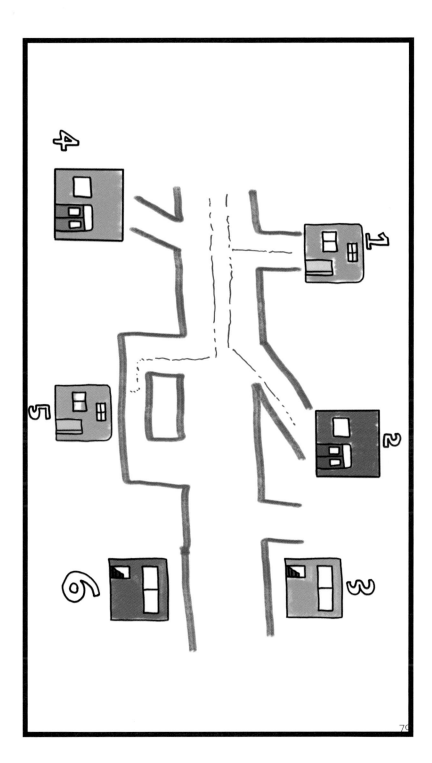

친구네 집이 정확하게 기억나지는 않았지만 기억을 더듬어 빨간색 발자국이 남겨진 곳으로 향했다. 빨간색 발자국을 가까운 곳에서 보니 페인트가 아니라 피였다. 순간 온몸에 소름이 돋았다. 피로 남겨진 발자국이라니 … 이상하게 꼬릿꼬릿한 냄새도 났다.
살인 사건이 발생한 것인가?

조심스럽게 발걸음을 옮기던 중, 뒤에서 타다닥하는 소리가 들려왔다. 생명에 위협을 느끼고 당신은 좁은 골목을 달리기 시작했다. 막다른 길을 마주하고 허망하게 뒤를 돌아보았다. 강아지가 나를 보고 멍멍 짖었다. 꼬릿꼬릿한 냄새는 강아지 오줌 냄새   였던 것이다. 그럼 피로 생긴 발자국은 무엇이었을까? …

당신은 그 이후로 산책을 나가지 못하고 집에서만 평생을 보내게 되었다.

THE END – 무서운 동네

62 시계 ≪ 45

"시계야~"

아무리 외쳐도 강아지는 나에게 가까이 오지 않았다. 당신은 집에 가서도 그 강아지의 모습이 잊혀지지 않았다. 당신은 왜 강아지가 자신에게 오지 않았을지 고민했다.

강아지의 이름이 시계가 아니었기 때문이라는 사실을 깨달은 것은 7년이 지난 후였다.

THE END - 내가 너의 이름을 불렀을 때

"자네한테는 해줄 조언이 없네! 스스로 열심히하는 만큼
행복할 수 있는 걸세. 노력도 없이 뭘 얻겠다는건가!"

"아니 … 왜 이러는가? 자네답지 않네. 당신은 어려움에 처한 사람을
도와주어야 한다고 했지 않는가… 언젠가는 나 자신도
도움이 필요할 때가 있을 것이고. 서로 돕지 않는다면
도움에 대한 희망도 사라진다고 말하면서 말이야."

그린의 말을 듣자 정신이 돌아오면서 큰 충격에 빠졌다. 당신은 이성을 잃어
버리고 분노에 휩쓸리게 된 스스로를 자책하며 살아갔다.

THE END - 화를 다스리기

친구네 집이 정확하게 기억나지는 않았지만 기억을 더듬어 발걸음이 가는 곳으로 향했다. 초록색 대문이 누가 봐도 '그린'의 집이라는 것을 알려주었다. 문을 열고 들어가니 그가 반겨주었다.

"오늘도 역시 시간을 딱 맞춰서 왔군. 오늘은 자네에게 조언을 구하고자 하네."

[그린과 대화한다 → 57번 스토리로 이동하세요]
[당신한테 해줄 조언은 없다며 면박 준다 → 63번 스토리로 이동하세요]

65 다시 집으로 ≪ 57

집으로 돌아오니 비서가 문 앞에서 나를 맞이하고 있었다.

"돌아오셨군요 선생님. 오늘은 무슨 일 없으셨습니까?"

"별일 없었네."

"커피 준비해두었습니다. 하루를 정리하시지요."

[일기장에 하루를 정리한다 → 70번 스토리로 이동하세요]

66 멀리서 바라볼 때 해답이 있다 ≪ 21

수납장을 멀리서 바라보니 책이 꽂혀있는 모양이 특이하다.
수납장 가까이에 붙어 있는 종이와 관련있지 않을까?

[책장의 비밀을 알게되니 학생에 대한 기억도 떠오른다

→ RGP번 스토리로 이동하세요]

다음페이지에 계속 →

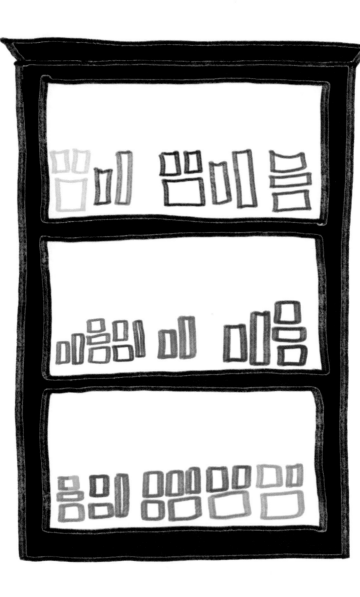

"그렇지, 우연. 행위의 결과는 우리가 선택할 수 없네.
따라서 보편적으로 자네의 생각을 적용할 수 없는 걸세.
당연히 도덕법칙이 될 수도 없고. 답이 되었나?"

"아니요 아직이요. 선생님이 말하는 법칙에 따라 행하는 건
행위의 동기가 중요하다는 거잖아요. 근데 그것은 행위를 하게 만드는 원인
이지.
그 행위가 도덕적이라고 할만한 이유가 될 수 없는 것 아닌가요?"

"학생의 의견이 틀렸다고 할 수 는 없네. 그렇지만 행위의 결과는
반드시 도덕적이라고 할 수 있는가? 행위의 도덕성은
인간이 완전히 통제할 수 있는 의지의 성격에 따라 결정되는 것일세."

"하나의 동기에서 여러 결과가 발생할 수 있게 되는데요?
그 결과가 나쁜 결과인데도요?"

"학생이 직접 이야기해준 것처럼 하나의 동기에서 여러 결과가 발생할 수
있지.
그 결과에 따라 도덕 판단이 달라져서는 안되지 않겠는가?
도덕법칙은 보편타당한 것이어야 하니까."

마티나 핑크에 대한 기억을 떠올리니 머리가 아파졌다.
연구실 의자에 잠시 앉아야겠다.

[연구실을 다른 기억을 위해 둘러본다 → 16번 스토리로 이동하세요]

[연구실 의자에 앉아 쉰다 → 68번 스토리로 이동하세요]

68 연구실 의자에 앉아서 ≪ 67

너무 많은 기억들이 한꺼번에 떠올라 머리가 아파졌다. 어제부터 귀에 이명이 들리기 시작했는데 … 두통이 더욱 심해졌다. 집으로 돌아가서 쉬면 괜찮아지려나 … 하고 일어서는 순간, 머리가 핑-돌며 연구실에 쓰러졌다. 평소에 마을을 벗어나지도 않고 매일 같은 음식을 먹으며 보폭도 일정하게 하는 당신의 강박적 습관이, 당신을 괴롭혔던 것으로 보인다. 그렇지만 당신의 생각은 분명 많은 사람들에게 영향을 주었을 것이다.

THE END – 연구실에서의 죽음

69 손이 닿지 않는 곳 ≪ 50

오늘 유독 눈에 들어오는 책은 서랍장 가장 위에 놓여져있던 철학책이었다. 손이 닿지않는 곳에 위치 한 책을 꺼내기 위해 당신은 의자위에 올라갔다. 의자 위에서 발을 헛디딘 당신은 책장을 넘어뜨리고 책더미 속에서 생을 마감했다.

THE END - 책 속에서의 죽음

70 하루의 완성

하루가 다 지나고나니 기억이 온전히 다 떠올랐다.

나의 이름은 임마누엘 칸트,
매일 정확히 같은 시간에 산보하며
쾨니히르베스크 대학의 철학 교수이다.
글쓰는 일과 연구로 대부분의 시간을 보내다가
어제는 루소가 쓴 〈에밀〉에서 큰 영감을 받아 쓰러지게 된 것이다.
기억이 살아났으니 새로운 연구를 시작해야겠다.

TRUE ENDING - 모든 기억을 되찾다

임마누엘 칸트(1725-1804)

18세기 독일 철학자로 합리주의와 경험주의를 종합하였으며, 인식론, 형이상학, 윤리학, 미학 등 분야를 막론하는 근대 철학의 완성자로 불린다. 칸트는 정해진 일과를 정확하게 지키는 사람이었다. 마을 사람들은 매일 똑같은 시간에 산책하는 그를 보고 시계를 맞추기도 했다. 칸트는 도덕의 기초를 초인간적 존재에 의지하는 전통적인 자연법과 결별하고 법적 정당성의 근거를 인간적   선호에서 찾고자했던 경험주의와도 거리를 두었다. 대신 개인의 자유로운 선택이 초래하는 사회적 관계를 조정하는 원칙으로서 법이 갖는 보편성을 부각시키고자 했다. 스위스 출신의 장 자크 루소가 쓴 〈에밀〉은 도덕의 본성에 관한 칸트의 견해에 자극을 주었다.

철학적물음

이 책은 인터랙티브 게임북입니다. 인터랙티브 게임이란 참여자의 선택에 따라 결말이   달라지는 게임을 의미합니다. 이 게임을 책의 형태로 만든 것이 인터랙티브 게임북입니다.

이번 에피소드에서는 칸트와 관련된 이야기들이 나옵니다. 그리고 다양한 결말이 존재합니다. 많은 결말을 마주했나요? 다양한 결말 속에서 어떤 철학적 물음들을 마주했나요? 몇 가지 물음을 적어두겠습니다. 다른 물음을 떠올리셔도 좋습니다.

철학이 주는 깨달음과 즐거움을 느끼시길 바랍니다.

1	행복이란 무엇일까? 쾌락=행복인가?
2	결과가 중요할까 동기가 중요할까?
3	친구에게 거짓말로 약속을 해도 되는가?
4	거짓말이 허용되는 상황이 있는가?
5	이성을 따르는 것과 본성을 따르는 것 어떤 것이 도덕적인 것인가? 우리는 어떻게 살아야 하는가?
6	전쟁은 정당한가? 어쩔 수 없는 전쟁도 있는가?
7	도덕적인 행동이란 무엇일까? 동정심에 하는 행위는 도덕적이지 않은 것인가?
8	자신을 사랑하면서 자신을 해치는 것은 가능한가?
9	인간을 목적으로 대우한다는 것은 무엇일까? 수단으로만 대우하면 안되는 이유는 무엇일까?
10	삶의 목적은 무엇인가?

게임 힌트

스토리 1		방 안에 있는 물건들을 살펴보세요. 일기장, 책, 회중 시계, 거울 등에서 단서를 찾을 수 있습니다.
스토리 2		일과표와 홍차 이름이 적혀있는 표를 주의깊게 살펴보세요. 단서로 활용할 수 있습니다.
스토리 4		회중 시계의 숫자 색깔을 확인해보세요.
스토리 5-1		당신의 거울 속 모습을 주의 깊게 살펴보세요. 당신은 무슨 색 옷을 입고있나요?
스토리 5-2		이마, 머리, 몸, 입을 잘 살펴보세요. 색깔이 다른 부분이 있지 않나요?
스토리 6-1		요일마다 마셔야 하는 홍차가 다릅니다. 홍차 이름이 적혀있는 표를 떠올려보세요.
스토리 6-2		거울 속 당신의 모습을 떠올려보세요. 오늘이 무슨 날짜인지 유추할 수 있습니다.
스토리 9		연구실의 지난 비밀번호를 잘 기억해두세요. 단서로 활용될 수 있습니다.
스토리 11-1		연구실이 몇호인지 잘 기억해두세요. 단서로 활용될 수 있습니다.
스토리 11-2		연구실의 지난 비밀번호를 떠올려봅시다. 무언가 규칙이 보이지 않나요? 구구단을 생각해본다면, 지금의 연구실 비밀번호도 유추해낼 수 있습니다.
스토리 12		학생들의 답변이 각각 어떤 사상을 나타내는 답변일지 생각해보세요. 당신이라면 어떤 답을 했을까요?
스토리 22		핑크 머리 학생은 어떤 사상가의 입장을 나타내고 있는걸까요? 자살의 윤리적 문제에 대한 강의 자료 번호를 기억해두세요. 단서로 활용될 수 있습니다.
스토리 23		학생 명단에서 핑크 머리 학생의 번호를 찾아보세요.
스토리 30		비서가 당신에게 많은 것들을 알려주었습니다. 당신에 대한 정보를 기억해두세요. 단서로 활용될 수 있습니다.

스토리 32	마티나 핑크는 어떤 사상가의 입장을 나타내고 있는걸까요?
스토리 34-1	연구실 번호를 어디선가 보지 않았나요?
스토리 34-2	4층은 4XXX호, 2층은 2XXX호, 3층은 3XXX호 입니다. 그런데 이 번호가 4층은 DXX호, 3층은 CXX호, 2층은 BXX호로 바뀌었습니다. 어떤 규칙이 있을까요? 1층은 AXX호 입니다.
스토리 34-3	오늘의 강의실 비밀번호는 B02호 입니다. 예전번호는 2XX2호 입니다. 빈칸에 들어갈 숫자는 구구단과 관련이 있습니다.
스토리 35-1	마차의 색깔과 바퀴살의 색깔을 비교해서 살펴보세요.
스토리 35-2	마차의 색깔대로 바퀴살을 확인해보고, 자음모음을 조합해보세요.
스토리 36,38,40	당신이 좋아하는 음식을 떠올려보세요.
스토리 41-1	색깔 이름의 자음 모음을 따로 떨어뜨려서 생각해보세요.
스토리 41-2	자음 모음을 모두 분리하고 '숫자'번째 자음 모음을 조합해보세요.
스토리 45-1	강아지의 옷에 찍혀있는 점의 개수를 확인해보세요.
스토리 45-2	알파벳은 총 26개입니다.
스토리 46-1	색깔 이름의 자음 모음을 따로 떨어뜨려서 생각해보세요.
스토리 46-2	자음 모음을 모두 분리하고 '숫자'번째 자음 모음을 조합해보세요.

게임 힌트

스토리 48-1	연구실 자료 뭉치의 자료 번호들을 기억해두세요. 단서로 활용될 수 있습니다.
스토리 48-2	현재 작성하고 있는 '영구평화론'의 강의 자료 번호가 무엇인지 찾아보세요.
스토리 51	강아지의 옷을 확인해보세요. 단서로 활용될 수 있습니다.
스토리 52	오늘 읽어야 하는 분야의 책만 확인해보세요. 책끼리 연결시켜보면 숫자가 보일 것입니다.
스토리 53	당신은 누구인가요? 당신이 해야할 말이 무엇인지 고민해보세요.
스토리 60	각각의 지도의 경로를 살펴보세요. 2개의 색깔이 동시에 도착하는 곳들을 주의 깊게 살펴보세요.
스토리 66-1	수납장을 가까이서 봤을 때 메모하나를 발견하지 않았나요? 메모에 적혀있는 문장과 수납장에 꽂혀있는 책의 모양을 비교해보세요.
스토리 66-2	수납장에 꽂혀있는 책은 문장의 초성 중성 종성을 나눈 모양입니다. 색깔별로 초성 중성 종성을 합쳐보세요.

변화하지만 변함없는
WILL RETURN

변화하지만 변함없는 : 인터랙티브 게임북

발　행 | 2022년 8월 17일
저　자 | 박진희
펴낸이 | 한건희
펴낸곳 | 주식회사 부크크
출판사등록 | 2014.07.15.(제7016-16호)
주　소 | 서울특별시 금천구 가산디지털1로 119 SK트윈타워 A동 305호
전　화 | 1670-8316
이메일 | info@bookk.co.kr

ISBN | 979-11-372-9183-6